1. in einem Haus

2. in einer Wohnung in einem Wohnblock

3. in einer Hütte

4. in einem Schloß

5. auf einem Bauernhof

6. in einer Villa

Wo wohnt er? Wo wohnt sie?

A. an der See

B. in den Bergen

C. in der Stadt

D. auf dem Land

Ergänze die Sätze, bitte!

1. Konrad wohnt ___1___ ___C___
2. Maria wohnt ___6___ ___D___
3. Herr Lothar wohnt ___2___ ___C___
4. Frau Schäfer wohnt ___4___ ___B___
5. Bernd wohnt ___6___ ___B___

6. Bettina wohnt ___5___ ___D___
7. Der Junge wohnt ___2___ ___A___
8. Das Mädchen wohnt ___3___ ___D___
9. Mein Onkel wohnt ___6___ ___A___
10. Ich wohne ___?___ ___?___

HIER SIND WIR !

Ergänze die Sätze!

Hier ist Rolf.
Er ist zwölf Jahre
alt.
a) Wie heißt er?
Er h_____.
b) Wie alt ist er?
Er _____.

Hier ist Renate.
Sie ist fünfzehn
Jahre alt.
a) Wie heißt sie?
Sie h_____.
b) Wie alt ist sie?
Sie _____.

Hier ist Brigitte.
Sie ist zehn Jahre
alt.
a) Wie heißt sie?
_____.
b) Wie alt ist sie?
_____.

Hier ist Uzman.
Er ist acht Jahre alt.
a) Wie heißt er?
_____.
b) Wie alt ist er?
_____.

Hier ist Heinrich.
Er ist zweiunddreißig
Jahre alt.
a) Wie heißt er?
_____.
b) Wie alt ist er?
_____.

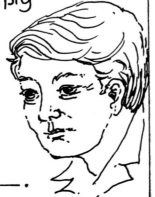

Zeichne dich!

Ich h_____.
Ich bin_____.

DIE FAMILIE

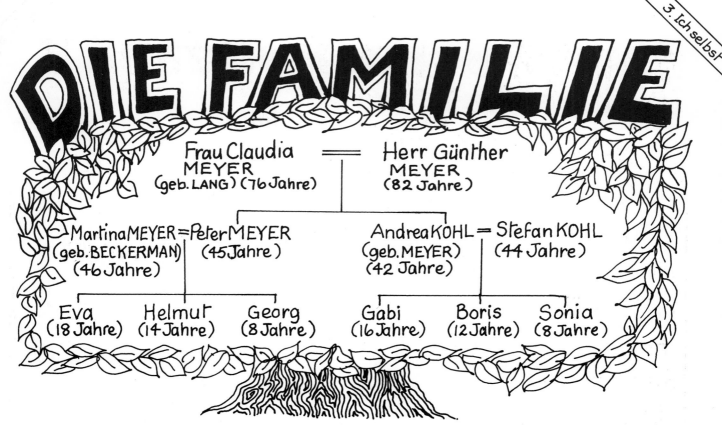

Frau Claudia MEYER (geb. LANG) (76 Jahre) = Herr Günther MEYER (82 Jahre)

Martina MEYER (geb. BECKERMAN) (46 Jahre) = Peter MEYER (45 Jahre)

Andrea KOHL (geb. MEYER) (42 Jahre) = Stefan KOHL (44 Jahre)

Eva (18 Jahre)   Helmut (14 Jahre)   Georg (8 Jahre)   Gabi (16 Jahre)   Boris (12 Jahre)   Sonia (8 Jahre)

PARTNERARBEIT

STELL DIR VOR, DU BIST MITGLIED EINER DIESER FAMILIEN. BEANTWORTE DIE FRAGEN DEINES PARTNERS/ DEINER PARTNERIN !

JETZT STELL DEINEM PARTNER/DEINER PARTNERIN FRAGEN ! ERRATE DIE IDENTITÄT DEINES PARTNERS/DEINER PARTNERIN !

Die Fragen:
1. Bist du ein Mädchen oder ein Junge ?
2. Bist du ein Mann oder eine Frau?
3. Wie alt bist du ?

Du bist _ _ _ _ _ _ _ ?

VERMISCHTE WÖRTER: RERDUB   ESWESRCHT   ETVRA

SCUONI   RTMEUT

STELL DIR VOR, DU BIST GABI. BEANTWORTE DIESE FRAGEN !
1. Wie heißt dein Bruder?
2. Wie alt ist er ?
3. Wer ist Frau Martina Meyer ? Ist sie deine Mutter ?
4. Andrea Kohl, ist sie deine Schwester ?
5. Wie heißen Evas Brüder ?
6. Wie alt ist Frau Claudia Meyer ?
7. Wer ist die Frau von Herrn Stefan Kohl ?
8. Wie heißt Herr und Frau Peter und Martina Meyers Tochter ?
9. Wer ist Frau Claudia Meyer ? Ist sie deine Tante ?
10. Wer ist Sonia Kohl ? Ist sie deine Cousine ?

HAST DU GESCHWISTER ?
Ergänze die Sätze !

1. Anna hat zwei Schwestern und einen Bruder.

2. Jochem _____
_____

3. Mustafa _____
_____

4. Teresa und Josephina _____

5. Najma _____

6. Manfred _____
_____

7. Dieter und Johann _____
_____

Und du?
Hast du Geschwister?
Male an!

8. Ich habe _____
_____

Heinz ist krank

Vervollständige die Wörter!

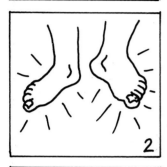
1

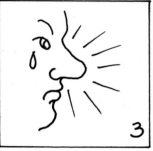
2

3

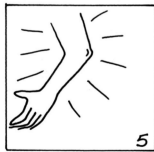
4

5

6

der Ko_f

die O_ren

die _ugen

die Na_e

die Zä_ne

die Schu_tern

der Hal_

die A_me

der R_cken

die Bei_e

die _nie

die _üsse

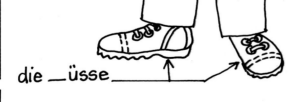

Bist du krank ?
Was ist los ?
Was tut dir weh ?

7

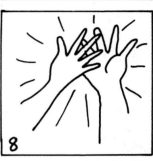
8

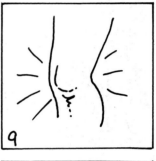
9

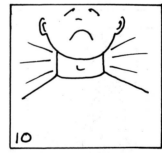
10

11

12

MALE AN WIE BESCHRIEBEN!

BESCHREIB DICH!

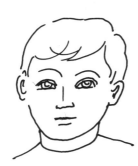

Hier ist Jürgen. Er ist fünfzehn Jahre alt. Er hat blonde Haare und blaue Augen.

Hier ist Jutta. Sie ist achtzehn Jahre alt. Sie hat rote Haare und blaue Augen.

Hier ist Herr Klein. Er ist dreißig Jahre alt. Er hat fast eine Glatze mit ganz wenig grauem Haare. Er hat braune Augen und einen braunen Bart. Er trägt eine Brille.

Hier ist Markus. Er ist zwanzig Jahre alt. Er hat rote Haare und graue Augen. Er hat einen Schnurrbart.

Hier ist Ulrike. Sie ist fünfzehn Jahre alt. Sie hat schwarze Haare und braune Augen. Sie trägt Ohrringe.

Hier ist Gabi. Sie ist achtzehn Jahre alt. Sie hat braune Haare und grüne Augen.

Hier ist Herr Bach. Er ist sechzig Jahre alt. Er hat graue Haare und blaue Augen. Er trägt eine Brille.

Hier bin ich! Ich _____ Jahre alt. Ich habe _____ Haare und _____ Augen.

IST ES 'IHR' ODER 'SEIN'?

Hier ist ihr Haus

Hier ist Frau Becker

Hier ist Johann Becker

MALE AN, WIE DU WILLST!

JETZT VERVOLLSTÄNDIGE DIESE SÄTZE! WELCHE FARBEN HABEN SIE?

Johann Becker

1. _____ T-shirt ist _____ .
2. _____ Socken sind _____ .
3. _____ Hose ist _____ .
4. _____ Schuhe sind _____ .
5. _____ Tasche ist _____ .

Ihr Haus

1. Der Wagen ist _____ .
2. D__ Garage ist _____ .
3. ____ Blumen sind _____ .
4. ____ Tür ist _____ .
5. ____ Dach ist _____ .

Frau Becker

1. _____ Hut ist _____ .
2. _____ Bluse ist _____ .
3. _____ Strickjacke ist _____ .
4. _____ Rock ist _____ .
5. _____ Socken sind _____ .
6. _____ Regenschirm ist _____ .
7. _____ Hund ist _____ .

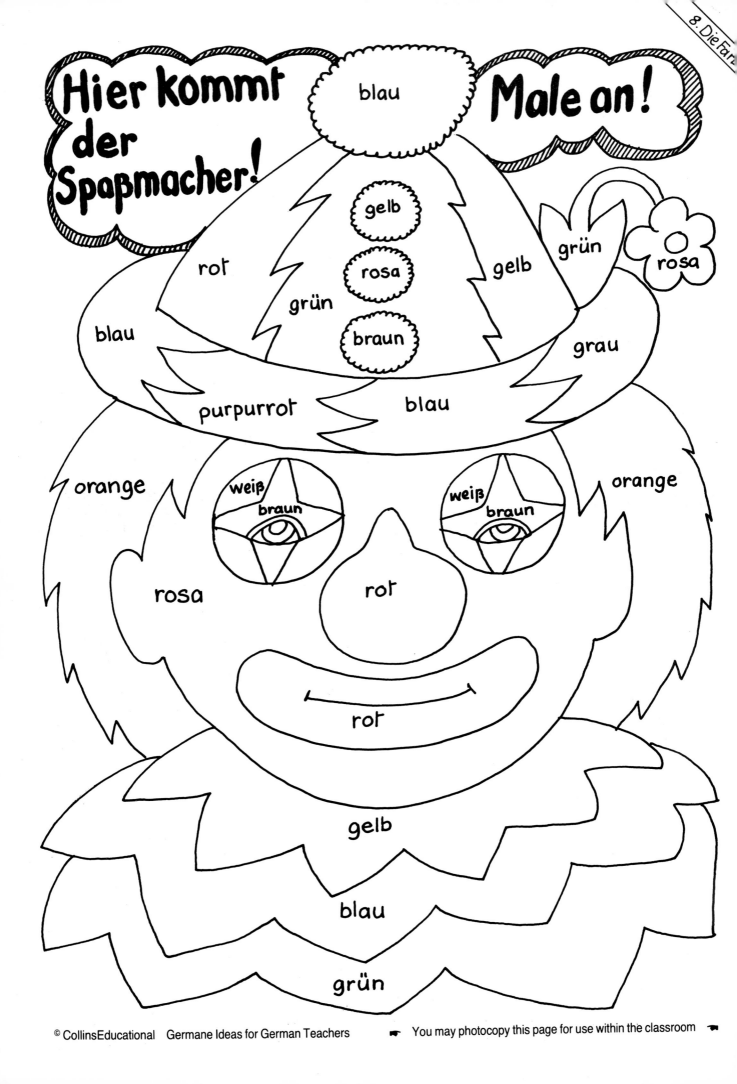

An der See

☆ MALE _

_die See und den Himmel blau an!

_die Wolken grau an!

_die Sonne gelb an!

_die Bäume grün und braun an!

_die Häuser rot und weiß an!

_den Traktor gelb an!

_die Segelboote bunt an!

☆ BEANTWORTE DIESE FRAGEN !

1. Wo ist die Kirche ?
2. Wieviele Boote gibt es?
3. Welche Farbe hat der Traktor ?
4. Wo ist das Flugzeug ?
5. Wieviele Bäume gibt es ?

MALE ALLES ANDERE IM BILD WIE DU WILLST AN !

DIE KLEIDUNG

MALE AN WIE BESCHRIEBEN

Manfred trägt ein rotes T-shirt, eine blaue Jacke, graue und braune Schuhe.
Er trägt eine gelbe Tasche.

Frau Fischer trägt eine rosa Bluse, eine grüne Strickjacke, einen blauen Rock, rote Schuhe und einen gelben Hut. Sie trägt eine braune Handtasche und einen roten Regenschirm.

Herr Fischer trägt ein gelbes Hemd, eine braune Krawatte, eine schwarze Jacke, eine graue Hose und schwarze Schuhe. Er trägt eine Zeitung in einer Hand.

Renate trägt ein buntes Kleid, grüne Socken, schwarze Schuhe. Sie geht mit ihrem schwarzweißen Hund spazieren.

TIERE ÜBERALL

ZU HAUS

Male die Katze orange, den Hund braun und weiß, die Fische rot und gelb, das Meerschweinchen schwarz und weiß und den Hamster braun an!

IM ZOO

Male den Elefanten grau, das Krokodil grün, die Giraffe braun und orange, den Pinguin schwarz und weiß und die Schlange bunt an!

AUF DEM BAUERNHOF

Male das Pferd braun, die Kuh schwarz und weiß, die Enten gelb, grün und schwarz, das Schwein rosa, das Lamm grau, das Kaninchen braun und den Schwan weiß an!

Welche Tiere sind deine Lieblingstiere?
Welche Tiere hast du gern?
Ich habe 1) _____ gern.
2) _____ gern.
3) _____ gern.
ZEICHNE DEINE LIEBLINGSTIERE
UND MALE SIE AN!

MÖBEL

Beende diese Sätze!

1. Das Bett ist im _____ .
2. Das Sofa ist im _____ .
3. Die Dusche ist im _____ .
4. Die Waschmaschine ist in der _____ .
5. Es gibt ein Bild, einen Hut, einen Stuhl und einen
   Regenschirm im _____ .

Beantworte diese Fragen!

1. Wo ist der Sessel ?
2. Wo sind der Fernsehapparat und der Videorekorder?
3. Wo ist der Herd ?
4. Wo ist der Kleiderschrank ?
5. Wo ist das Spülbecken ?

IN DER STADT

ERRATE DEN ORT!

1. Dieser Ort ist gegenüber dem See, neben der Post, hinter dem Hotel und in der Nähe des Kinos.

2. Dieser Ort ist gegenüber dem Park, neben den Geschäften, in der Nähe der Tankstelle und in der Nähe der Schule.

3. Dieser Ort ist gegenüber der Kirche, hinter dem Supermarkt und in der Nähe der Tankstelle.

4. Dieser Ort ist gegenüber den Geschäften, in der Nähe des Cafés und ziemlich weit vom Stadion entfernt.

Jetzt wählt ein Haus aus und beschreibt wo es ist!

Welches ist mein Haus?

1. Hör deinem Lehrer/deiner Lehrerin gut zu und errate über welches Haus er/sie spricht.

Zum Beispiel:

Peters Haus ist ein kleines Haus mit zwei Fenstern, einer Häustur, einem Schornstein ohne Antenne, mit einer Hecke und vielen Blumen im Garten.

Welches Nummer ist es?

2. Beschreibe jetzt einem Partner/einer Partnerin die Häuser. Wer kann es am besten?

3. Und jetzt beschreibe dein Traumhaus!

WAS MAGST DU? WAS MAGST DU NICHT?

Wie sagt man, was man mag oder nicht mag?

Partnerarbeit: Stell Fragen an eine Partnerin oder an einen Partner und antworte!

FRAGEN ÜBER TIERE

Hast du... Pferde gern?
Mäuse gern?
Kaninchen gern?
Katzen gern?
Goldfische gern?
Meerschweinchen gern?
Papageien gern?
Hunde gern?

FRAGEN ÜBER MENSCHEN UND GEGENSTÄNDE

Hast du... Helga gern?
dieses Mädchen gern?
diesen Jungen gern?
diese Kleider gern?
Jazzmusik, Pop oder
klassische Musik gern?

WAS MACHST DU GERN IN DEINER FREIZEIT?

Zeichnest du?
Gehst du aus?
Tanzst du?
Gehst du ins Kino?
Liest du?
Spielst du Fußball?
Treibst du gern Sport?
Hörst du gern Kassetten?
Schwimmst du gern?
Gehst du gern spazieren?
Fährst du gern rad?
Ißt du lieber Pommes Frites oder Fleisch?
Trinkst du lieber Coca Cola oder Limonade?

HAST DU HAUSTIERE GERN ODER NICHT GERN?

Ja, ich habe ___ gern./Nein, ich habe _____
nicht gern.
Ja, ich habe ___ sehr gern./Nein, ich
haße _____.
Nein, ich habe _____ nicht besonders gern.

HAST DU IHN/SIE GERN?

Ich habe Marie gern.

Ich liebe ihn/sie nicht!

Ich finde ihn/sie nett!

HOBBYS UND AKTIVITÄTEN

Jetzt mach einen Dialog mit einem Partner/einer Partnerin! Schaue die Bildern mit Hobbys, Sport und Tieren an! Was hat dein Partner/deine Partnerin gern? Und was hat er/sie nicht gern?

Goldfische — Kaninchen — zeichnen
lesen — angeln — Meerschweinchen
Mäuse — Katzen — Pferde
Vögel — Hunde — schwimmen
kochen — Leichtathletik — windsurfen
segeln — reiten — Kajak fahren

OBST

A. Ergänze die Wörter!

die Ap_elsine   die Kir_he   die Banan_   der Ap_el

die _itrone   die Pf_aume   die B_rne   die _imbeere

die Melon_   die A_anas   die E_dbeere   der P_irsich   die Wein_raube

B. Was für Früchte kannst du in diesem Apfel finden?

						R	T	I	Z	S	Y	
A	A	B	E			M	E	L	W	E	I	X
B	P	P	P	R	H	I	M	B	E	E	R	E	E	L
O	A	P	F	E	L	E	N	Z	O	H	S	N	S
T	R	S	L	E	A	W	E	I	D	C	O	A	B	T
I	B	B	A	B	L	O	N	T	S	O	E	N	O	E
S	W	E	U	D	B	S	R	R	T	N	P	A	E	S
	S	T	M	R	R	O	I	O	A	S	F	N	T
	N	E	E	F	C	K	B	N	S	T	I	A	L
	W	E	B	R	A	E	E	O	R
	I	N	B	R	S	T	R	D

1.   6.

2.   7.

3.   8.

4.   9.

5.   10.

C. Wie heißen diese Früchte? Schreib das Wort und die Nummer neben die Frucht!

1. tzrnoei _____   6. felapnise _____
2. fpale _____   7. brimheee _____
3. chfpirsi _____   8. niber _____
4. brwneitaue _____   9. dreeeebr _____
5. nnbaea _____

D. Mach eine Liste von den Früchten in der Schale!

1.   5.
2.   6.
3.   7.
4.

E. Und jetzt zeichne deine eigene Obstschale in dein Heft. Male sie an und mach eine Liste!

© Collins Educational   Germane Ideas for German Teachers   You may photocopy this page for use within the classroom ©

Hast du Hunger? Hast du Durst?

Wieviele Wörter kannst du in diesem Viereck finden?

A	P	F	E	L	S	T	R	U	D	E	L	Ä	P	F	W	Ü	R	S	T	E
P	P	S	E	A	K	A	R	T	O	F	F	E	L	N	U	Z	U	C	I	R
F	S	F	L	Ä	A	A	L	R	S	C	H	O	K	O	L	A	D	E	C	B
L	P	A	E	P	R	Z	R	A	H	I	C	M	I	L	R	O	R	F	O	S
A	T	B	O	L	T	Ü	C	O	M	A	R	M	E	L	A	D	E	L	R	E
U	L	O	B	I	S	C	O	I	T	I	W	E	I	N	J	F	S	E	N	N
M	I	H	O	M	R	I	L	J	O	T	M	I	L	E	O	R	A	I	F	O
E	M	S	N	E	Z	C	N	T	E	E	E	S	C	H	G	Ü	H	S	L	H
N	O	Z	I	B	H	R	O	E	I	S	B	N	Z	C	S	N	C	A	I	
F	N	B	E	R	E	M	S	C	N	J	O	G	H	U	R	T	E	H	K	M
I	A	D	U	E	A	W	A	S	A	B	N	N	U	K	C	E	I	Ä	E	B
S	D	R	F	T	K	A	S	W	Ü	C	B	R	E	C	U	K	S	O	S	E
C	E	F	E	S	T	P	Z	I	T	R	O	N	E	N	S	E	E	Z	I	E
H	A	N	N	F	I	E	F	F	O	T	N	L	O	B	H	B	I	R	B	R
K	S	D	R	H	I	O	R	T	R	E	S	S	A	W	U	O	J	O	G	E
F	R	U	C	H	T	S	A	F	T	P	N	E	N	A	N	A	B	O	H	N

1. Kartoffeln
2. Fleisch
3. Käse
4. Chips
5. Apfel
6. Pflaumen
7. Brot
8. Milch
9. Cornflakes
10. Fisch
11. Wein
12. Karotten
13. Coca Cola
14. Limonade
15. Kaffee
16. Tee
17. Schokolade
18. Wasser
19.
20.
21. Salami
22. Sahne
23. Eis
24. Zucker
25. Fruchtsaft
26. Würste
27. Salat
28. Tomaten
29. Bananen
30. Butter
31. Marmelade
32. Zitronen
33. Himbeeren
34. Eier
35. Bohnen
36. Bonbons
37. Bier
38. Erbsen
39. Kuchen
40. Joghurt

WIE IST DAS WETTER?

Es schneit.

Es ist nebelig.

Es ist windig.

Das Wetter ist schlecht. Es regnet.

Es ist bedeckt.

Es ist warm. Die Sonne scheint.

Es ist kalt.

Es ist heiß.

DIE JAHRESZEITEN

Schaue die Bilder an und antworte!

1. Wie is das Wetter im Januar?
2. Und im Juli?
3. Ist es heiß im Oktober?
4. Wie ist das Wetter im Dezember?
5. Wie ist das Wetter im August?

Wie ist das Wetter ----?
1. _____ im Winter?
2. _____ im Herbst?
3. _____ im Sommer?
4. _____ im Frühling?

Welcher Monat ist es? Welche Jahreszeit?

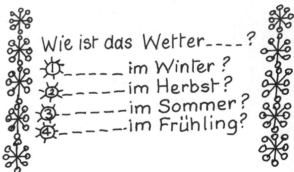

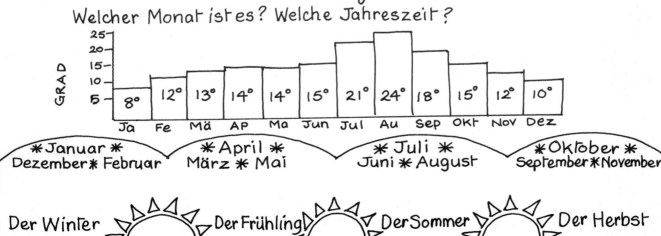

Januar Dezember *Februar   *April* März *Mai   *Juli* Juni *August   *Oktober* September *November

Der Winter   Der Frühling   Der Sommer   Der Herbst

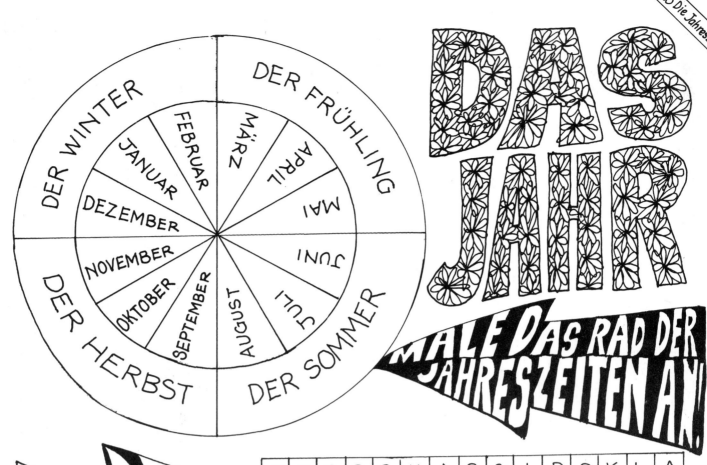

DAS JAHR

MALE DAS RAD DER JAHRESZEITEN AN!

Der Winter · Der Frühling · Der Herbst · Der Sommer

Januar · Februar · März · April · Mai · Juni · Juli · August · September · Oktober · November · Dezember

FINDE DIE MONATE UND DIE JAHRESZEITEN

O	F	E	B	R	U	A	R	G	I	D	R	K	L	A
S	E	P	T	E	M	B	E	R	H	E	N	M	P	H
S	F	J	J	K	E	E	K	L	B	C	T	R	I	E
O	G	H	A	M	E	Y	U	M	J	S	I	J	H	R
M	I	N	N	L	X	Z	E	A	U	L	B	D	C	B
M	U	J	U	L	I	V	D	G	P	B	O	A	G	S
E	V	O	A	W	O	J	U	N	I	A	P	E	F	T
R	Q	P	R	N	M	A	C	B	R	E	T	N	I	W
T	R	S	R	E	B	O	T	K	O	Y	Z	I	A	M
M	Ä	R	Z	N	D	E	Z	E	M	B	E	R	Q	R
W	V	U	F	R	Ü	H	L	I	N	G	S	T	W	X

Sonntag	Montag	Dienstag	Mittwoch	Donnerstag	Freitag	Samstag
					1	2
3	4	5	6	7	8	9
10	11	12	13	14	15	16
17	18	19	20	21	22	23
24	25	26	27	28	29	30

SEPTEMBER

Beantworte die Fragen!
① Was haben wir heute?
② Der 7. September, welcher Tag ist es?
③ Und der 25.? Welcher Tag ist es?
④ Der wievielte ist der erste Samstag?
⑤ Heute haben wir den 4. September.
  Mark fährt in vier Tagen. Welcher Tag ist das?

Fröhliche Weihnachten

Die Buchstaben

Ö - blau	W - rot	E - grün	I - gelb	N - weiß	R - schwarz	T - blau
F - rot	A - grün	H - orange	C - schwarz		L - schwarz	

Die Kerzen - bunt   Das Rotkehlchen   - rot
D.. Efeu - grün und rot   Der Baum   - grün und bunt

FRÖHLICHE WEIHNACHTEN

FRÖHLICHE WEIHNACHTEN

Fröhliche Weihnachten

FRÖHLICHE WEIHNACHTEN

OSTERN

Mache zwei Listen: ESSEN und TRINKEN

Limonade   Bier Eis Kaffee   Würste Tee Wasser
Schokolade   Bonbons   Wein   Osterei   Coca-Cola
Bananen   Apfelstrudel   Chips   Milch
Apfelsaft   Fruchtsaft   Schinkenbrot   Fisch

blau
grün
rot
rosa
purpurrot
orange   grün   rot
gelb

Wieviele deutsche und englische Wörter kannst du aus dem Wort "Osterhase" bilden?

N

Welches Wort paßt nicht?

1. rot, gelb, blau, fünf, braun

2. Wein, Wasser, Brot, Tee, Kaffee

3. Bonbons, Schokolade, Chips, Kuchen, Eis

4. Apfel, Himbeere, Zitrone, Birne, Blumen

Finde das Wort für "Easter." Wieviele Hasen gibt es?

Male das Schokoladenhäschen an!

O
S
T
E
R
N

Schreibe die Wörter für:
Apple, Wine, Bread, Sausages, Ice Cream, Sweets

Male die Vase an!

1. Fünf Blumen - rot

2. Vier Blumen - gelb

3. Sechs Blumen - blau

4. Zwei Blumen - orange

5. Drei Blumen - rosa

gelb
rot
purpurrot
grün

Welche Richtung?

links   geradeaus   rechts

Wieviele Orte kannst du finden?
Es gibt 20 insgesamt.

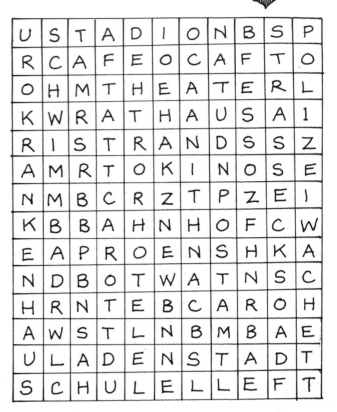

U	S	T	A	D	I	O	N	B	S	P
R	C	A	F	E	O	C	A	F	T	O
O	H	M	T	H	E	A	T	E	R	L
K	W	R	A	T	H	A	U	S	A	I
R	I	S	T	R	A	N	D	S	S	Z
A	M	R	T	O	K	I	N	O	S	E
N	M	B	C	R	Z	T	P	Z	E	I
K	B	B	A	H	N	H	O	F	C	W
E	A	P	R	O	E	N	S	H	K	A
N	D	B	O	T	W	A	T	N	S	C
H	R	N	T	E	B	C	A	R	O	H
A	W	S	T	L	N	B	M	B	A	E
U	L	A	D	E	N	S	T	A	D	T
S	C	H	U	L	E	L	L	E	F	T

Übe mit einem Partner/einer Partnerin!
zum Beispiel: Wie kommt man am besten
zum Krankenhaus?
Gehen Sie nach links.

1. Der Bahnhof   5. Der Park   9. Das Stadion
2. Der Strand   6. Das Hotel   10. Das Postamt
3. Das Schwimmbad   7. Die Kirche   11. Das Rathaus
4. Das Informationsbüro 8. Der Markt   12. Das Krankenhaus   13. Die Bank

WAS GIBT ES..?

1. _____ auf der linken Seite? 2. _____ auf der rechten Seite? 3. _____ auf der rechten Seite?

4. _____ auf der linken Seite? 5. _____ in der Mitte? 6. _____ auf der linken Seite?

UND WELCHE ORTE GIBT ES HIER?

1. hhfnabo   2. chkrie   3. usfraha   4. dnsrat   5. mktra
6. kkneshuanra 7. mtpotas   8. lusche   9. Idena   10. niko

Fußballspiel

Die Mannschaft spielt im schwarz, rot, gold

RECHTS   MITTE   LINKS

Arno (Torwart)

Bernd   Peter

Mittel (Midfield)

Verteidiger (Back)

Hans   Rolf   Markus

Martin   Dieter   Franz   Bruno   Detlev

Flügelstürmer (Winger)   Stürmer (Forward)   Mittelstürmer (Centre Forward)   Halbstürmer (Inside Forward)

Vervollständige diese Sätze!

1. Rolf spielt als _____.
2. Bruno spielt _____ von Franz.
3. Der _____ rechts heißt Bernd.
4. Franz spielt als _____.
5. Der _____ heißt Arno.
6. Hans spielt _____ von Rolf.
7. Peter spielt als _____.
8. Dieter ist _____.

LANG LEBE FUßBALL

Mein Tag

Zeichne die Uhrzeiger und ergänze die Sätze!

Um _____ wache ich auf.

Um _____ wasche ich mich.

Um _____ esse ich mein Frühstück.

Um _____ komme ich in der Schule an!

Um _____ arbeite ich.

Zeichne dich!

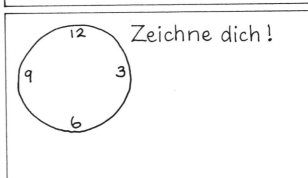

Um _____ spiele ich.

Um _____ sehe ich fern.

Um _____ träume ich.

Stundenplan

Uhrzeit	Montag	Dienstag	Mittwoch	Donnerstag	Freitag	Samstag
8.15 - 9.15	Englisch	Biologie	Deutsch	Biologie	Geschichte	Musik
9.15 - 10.15	Mathe	Deutsch	Handarbeit	Englisch	Sozialkunde	Englisch
10.15 - 10.30	P A U S E					
10.30 - 11.30	Kunst	Physik	Kunst	Mathe	Deutsch	Mathe
11.30 - 12.30	Musik	Mathe	Religion	Sport	Sport	Geschichte

Schau Helgas Stundenplan an! Beantworte die Fragen!

1. Es ist Freitag. Was ist ihre erste Stunde?
2. Es ist 9^{15} am Dienstag. Was hat Helga?
3. Wieviele Englischstunden hat Helga?
4. Was hat Helga um 10^{30} am Donnerstag?
5. Um wieviel Uhr fängt die erste Stunde an?

Ist es richtig oder falsch?

1. Am Montag um 9^{15} gibt es Musik.
2. Am Freitag um 8^{15} hat Helga Geschichte.
3. Ihre dritte Stunde am Samstag ist Geographie.
4. Sie hat drei Stunden Englisch.
5. Die Pause beginnt um 10^{10}.

Und jetzt male jedes Fach mit einer anderen Farbe an!
Zum Beispiel:

Mathe mit blau, Englisch mit rot, Geschichte mit grün und so weiter.

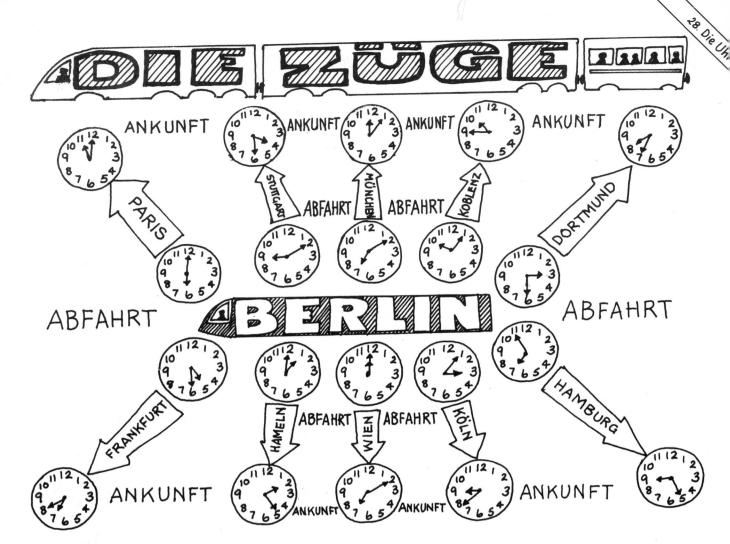

PARTNERARBEIT

Stelle deinem Partner/deiner Partnerin Fragen über Züge von Berlin.

ZUM BEISPIEL:

1. Wann fährt der Zug nach Wien?
2. Wann kommt der Zug in Hamburg an?
3. Kommt der Zug in Hameln um zehn Uhr an?
4. Um wieviel Uhr kommt der Zug in Koblenz an?

Jetzt beantworte die Fragen deines Partners/deiner Partnerin!

Und nun kaufe diese Fahrkarten! Ist das einfach ↑ oder hin und zurück ↓↑ ?

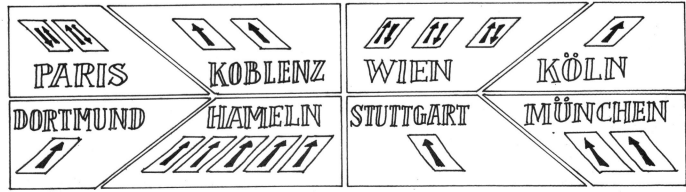

WIE SPÄT IST ES?

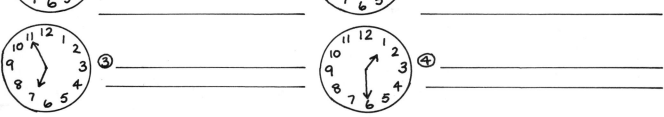

① _____
_____

② _____
_____

③ _____
_____

④ _____
_____

Wie spät ist es, bitte? Schreibe auf deutsch!

ANZEIGEN

Lies die Anzeigen und fülle die Uhren aus!

FUßBALLSPIEL

HAMBURG GEGEN FRANKFURT

Sonntag um halb neun

ZÜGE

nach DORTMUND um fünf Minuten vor sieben

THEATER

Hamlet

von William Shakespeare

Heute Abend um halb zehn

SCHIFFE

VON HAMBURG

um zwanzig Minuten nach zehn

KINO REX

Vorstellung

jeden Tag um Viertel nach sieben

REISEBUS

nach KÖLN um fünf Minuten nach elf

Neighbours

(NACHBARN)

um fünfundzwanzig vor sieben

RAMSAY STREET

Schreibe diese Sätze in dein Heft und ergänze in jedem Satz die Uhrzeit.

1. Um _____ komme ich zur Schule.
2. Ich arbeite von _____ bis _____.
3. Ich spiele um _____.
4. Um _____ sehe ich fern.
5. Ich schlafe um _____ ein.

UNTERWEGS

BILDE SÄTZE!
zum Beispiel:

Dieter geht um acht Uhr mit dem Fahrrad zur Schule.

1. Der Doktor fährt _____

2. Meine Mutter _____

3. Der Briefträger _____

4. Das Mädchen _____

5. Der Geschäftsmann _____

6. Der Junge _____

7.

8.

9.

Stell dir vor, du bist in 7 bis 9. Paß auf!

IM RESTAURANT

Schau die Speisekarte gut an und wähle !
Übe diesen Dialog mit einem Partner oder mit
einer Partnerin !

Kunde/Kundin	: Herr Ober/Fräulein !
Kellner(in)	: Guten Tag ! Hier ist die Speisekarte. Was möchten Sie, bitte ? (Der Kunde/Die Kundin liest die Speisekarte.)
Kunde/Kundin	: Ich möchte einmal Wiener Schnitzel, bitte.
Kellner(in)	: Mit Kartoffeln oder Pommes Frites ?
Kunde/Kundin	: Mit Kartoffeln, bitte.
Kellner(in)	: Mit oder ohne Erbsen?
Kunde/Kundin	: Mit Erbsen, bitte.
Kellner(in)	: Trinken Sie etwas dazu ?
Kunde/Kundin	: Ja, ich möchte ein kleines Bier, bitte. (Später)
Kellner(in)	: Was darf Ich Ihnen als Nachspeise bringen ?
Kunde/Kundin	: Was gibt es, bitte ?
Kellner(in)	: Wir haben viele Eissorten und Obsttorten.
Kunde/Kundin	: Ein Himbeereis, bitte. (Nach dem Essen)
Kunde/Kundin	: Herr Ober/Fräulein ! Zahlen, bitte.
Kellner(in)	: Wiener Schnitzel mit Kartoffeln, ein Bier, ein Himbeereis. Das macht zusammen 35,60 DM. Bitte, an der Kasse zahlen.

DIE SPEISEKARTE

Hier ist die Speisekarte.

RESTAURANT KÖNIGSPLATZ

VORSPEISEN

Tomatensuppe	6,00	DM
Krabbensalat	8,20	DM
Melone mit Schinken	5,95	DM

KALTE SPEISEN

Gemischter Salat	8,50	DM
Käseplatte mit Schinkenbrot	9,10	DM
Kalter Aufschnitt	8,60	DM

TAGESGERICHTE

Wiener Schnitzel, Pommes Frites, Erbsen	25,00	DM
Bratwurst mit Sauerkraut	10,00	DM
Jägerschnitzel, Pommes Frites, Salat	15,00	DM
Forelle, Kartoffeln, Salat	16,00	DM
½ Hähnchen, Pommes Frites, Salat	17,00	DM

NACHSPEISEN

Gemischtes Eis	5,00	DM
Obsttorte mit Sahne	6,25	DM
Apfelstrudel mit Sahne	4,12	DM
Schokoladentorte	3,95	DM

GETRÄNKE

Kännchen Kaffee	4,00	DM
Tasse Kaffee	2,30	DM
Cola	2,00	DM
Limonade	1,80	DM
Bier	3,30	DM

Alle Preise enthalten Bedienungsgeld und Mehrwertsteuer.

Wir gehen einkaufen

Wieviele Wörter kannst du in diesem Viereck finden?

B	Ä	C	K	E	R	E	I	U	E	D	R	A	B
R	L	S	A	N	A	N	A	S	V	W	O	X	A
O	T	K	Ä	S	E	B	R	O	T	C	C	B	N
T	E	E	I	E	I	S	Z	H	G	C	K	Y	A
P	U	L	L	O	V	E	R	N	G	B	D	E	N
T	A	B	A	K	R	T	U	X	A	H	O	S	E
O	K	J	M	Q	S	D	U	Z	Y	G	F	E	O
R	L	L	N	R	I	V	W	P	T	U	H	N	K
T	E	O	G	E	S	C	H	Ä	F	T	E	H	Ä
E	F	P	L	I	M	K	L	P	Q	O	M	S	S
L	P	K	M	B	C	O	C	A	C	O	L	A	E
K	A	F	F	E	E	T	O	M	A	T	E	N	J

1. Bäckerei
2. Tee
3. Tabak
4. Banane
5. Geschäfte
6. Käsebrot
7. Coca Cola
8. Ananas
9. Hut
10. Tomaten
11. Brot
12. Kaffee
13. Apfel
14. Kleidung
15. Hose
16. Bier
17. Käse
18. Pullover
19. Rock
20. Torte
21. Eis

DIESE GESCHÄFTE SIND LEER. FÜLLE DIE FENSTER! MALE!

OBST UND GEMÜSE · BÄCKEREI · METZGEREI · MODE · SUPERMARKT · BLUMEN · CAFE

Was gibt es hier zu kaufen?

'OBST UND GEMÜSE'

| APFELSINEN | ERBSEN | SALAT | HIMBEEREN |

TOMATEN

TRAUBEN   KAROTTEN   KOHL

ERDBEEREN

KARTOFFELN

BIRNEN   ÄPFEL   PFIRSICHE   BANANEN

ZWIEBELN

Zeichne und male Obst und Gemüse, die hier fehlen, an!

Und wieviel willst du kaufen?

1 kg	ein Kilogramm
500g	fünfhundert Gramm
1 Pfd	ein Pfund
250g	zweihundertfünfzig Gramm
	(oder ein halbes Pfund)

Petra geht einkaufen. Schreibe die Liste voll aus.
zum Beispiel
ein Pfund Bananen

Ban	1 Pfd.
Ap	500g
Tom	2 Pfd
Erb	200g
Trau	500g

Schreibe andere Einkaufslisten für einen Partner/eine Partnerin!

WAS KAUFT FRIEDRICH UND WO?

Friedrich geht einkaufen. Hier ist sein Einkaufsbummel in Bildern und Wörtern. Lies und schreibe in vollständigen Sätzen!

Friedrich geht ➡ [Lebensmittelhändler] und kauft 6 × [Eier],
[Zucker], [Käse] × 250g, [Tomaten] und 3 × [Mineralwasser]. Dann geht er
➡ [Metzgerei] und kauft 6 × [Wurst] (Brat) und 250g [Schinken]
Im Supermarkt kauft er 1 × [Mentadent], 2 × [Lindt] und 3 × [Zahnbürste].
In der Bäckerei kauft er 6 × [Brot].

SUCH DIE WÖRTER!

· Metzgerei

· Bäckerei
· Konditorei

· Gemüse

· Obst
Zahnbürste
· Lebensmittel
· Umschläge

· Sahne
· Kotelett

· Käse

· Äpfel

T-Shirt ·
Apotheke.
Büchhandler.
Eier.
Fleisch
Butter.
Shaschlik.

Seife.
Torte.

Honig.
Salat.
Milch.
Kaffee.

M	B	U	C	H	H	Ä	N	D	L	E	R
L	E	F	E	S	Ä	K	X	Y	G	K	U
E	N	T	S	A	L	A	T	R	W	O	M
B	M	G	Z	J	K	F	E	M	N	T	S
E	S	H	I	G	L	I	E	L	S	E	C
N	S	A	H	N	E	V	T	U	E	L	H
S	B	O	D	C	P	R	K	K	I	E	L
M	Q	M	I	L	C	H	E	L	F	T	Ä
I	E	O	R	N	M	H	K	I	E	T	G
T	T	P	B	U	T	T	E	R	I	M	E
T	R	B	E	O	Q	R	S	T	I	J	A
E	O	C	P	I	F	L	E	I	S	C	H
L	T	A	F	J	W	B	U	A	V	Z	I
A	D	H	G	D	C	G	E	M	Ü	S	E
Z	A	H	N	B	Ü	R	S	T	E	Z	R
S	C	H	A	S	C	H	L	I	K	G	E
F	T	E	T	S	H	I	R	T	P	I	K
J	S	G	H	Ä	P	F	E	L	Y	N	C
N	B	K	A	F	F	E	E	X	O	O	Ä
K	O	N	D	I	T	O	R	E	I	H	B

ICH TREIBE GERN SPORT

WELCHE SPORTARTEN SIEHST DU HIER?

 1. _____

 2. _____

 3. _____

 4. _____

 5. _____

 6. _____

 7. _____

 8. _____

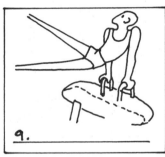 9. _____

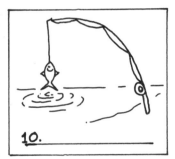 10. _____

 11. _____

 12. _____

WAS MACHEN SIE GERN ✔ ODER NICHT GERN ✗ ?

RENATE
① ✓ ③ ✗

MUSTAFA
⑩ ✓ ⑥ ✗

WILHELM
⑫ ✓ ⑤ ✗

ANGELIKA
⑪ ✓ ⑧ ✗

BIRGIT
⑨ ✓ ⑦ ✗

SIEGFRIED
② ✓ ④ ✗

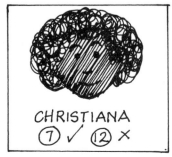

CHRISTIANA
⑦ ✓ ⑫ ✗

WOLFGANG
⑥ ✓ ⑨ ✗

UND JETZT - WAS MACHST DU GERN ODER NICHT GERN?

Wo sind die Verben?

Es gibt 40 Verben, die in diesem Viereck versteckt sind.
Wieviele kannst du finden?

K	R	I	E	G	E	N	O	A	B	F	R	A	G	E	N
O	S	S	D	O	G	S	N	T	B	S	N	T	A	S	O
M	R	C	R	U	F	E	N	E	S	E	O	R	N	S	R
M	W	H	H	B	R	T	H	B	H	U	W	W	F	E	E
E	S	W	T	R	I	N	K	E	N	M	X	K	A	N	D
N	L	I	E	B	E	N	S	S	N	A	E	E	N	Z	E
T	O	M	T	R	I	I	T	B	O	F	A	N	G	E	N
B	D	M	T	B	R	B	B	S	A	G	E	N	E	V	R
R	T	E	R	K	S	K	K	E	W	D	K	E	N	E	U
N	R	N	N	M	A	C	H	E	N	S	E	N	S	R	B
E	E	E	N	K	O	U	B	I	S	I	T	N	T	G	S
N	F	T	R	B	E	A	F	Z	Z	T	R	W	O	E	P
I	F	B	S	O	O	N	A	E	Z	Z	T	S	A	S	R
E	E	R	W	S	U	C	H	E	N	E	A	N	B	S	E
H	N	T	A	R	A	R	R	S	T	N	E	H	O	E	C
C	T	R	R	O	O	B	E	R	S	F	R	O	L	N	H
S	C	H	L	A	F	E	N	S	U	T	B	L	O	E	E
A	B	R	I	N	G	E	N	A	W	W	G	E	B	E	N
B	W	H	H	T	T	E	L	L	E	S	E	N	C	H	T
A	B	W	E	R	F	E	N	V	E	R	M	C	H	T	O

Schreibe die Verben in dein Heft und übersetze sie!

20 = gut

30 = sehr gut

40 = ausgezeichnet

WAS MACHEN SIE ?

1. Klaus _____ fern.

2. Heinrich _____ ein Buch.

3. Gerhard _____ einen Brief.

4. Monika _____ einen Kaffee.

5. Jörg _____ Fußball.

6. Inga _____

7. Jutta _____

8. Du _____

9. Der Lehrer _____ auf Deutsch.

10. Ich _____ mit dem Wagen.

11. Er _____ einen Apfel.

12. Sie _____ in ihrem Bett.

13. Das Baby _____ Mutti.

14. Der Junge _____ zur Schule.

15. Ich _____

16. Der Junge _____

17. Die Maus _____ den Käse.

18. Die Katze _____ der Maus nach.

19. Der Mann _____ im Garten.

20. Das Mädchen _____

21. Der Zug _____ ab.

22. Du _____

23. Er _____ einen Pullover.

24. Ich _____

Zeichne dich!

DIE FAHNEN

Male an und fülle aus!

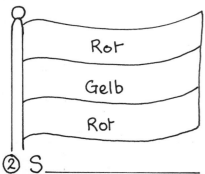

① F _____

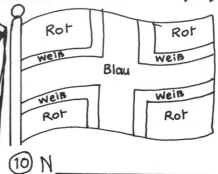

⑩ N _____

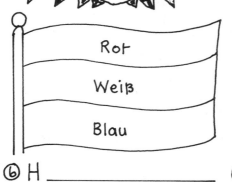

② S _____

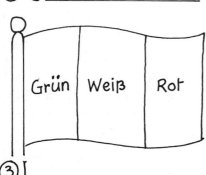

⑥ H _____

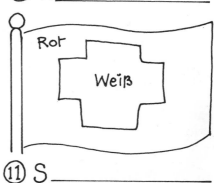

⑪ S _____

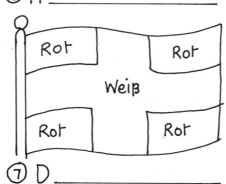

③ I _____

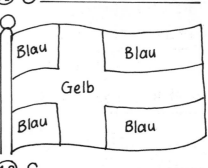

⑦ D _____

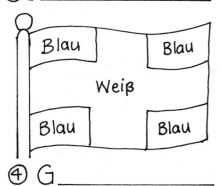

⑫ S _____

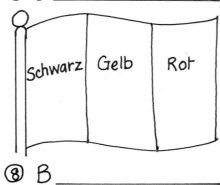

④ G _____

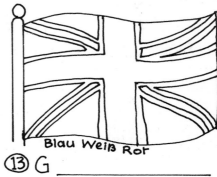

⑧ B _____

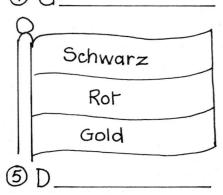

⑬ G _____

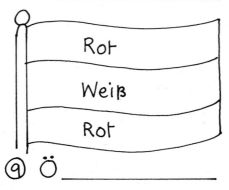

⑤ D _____

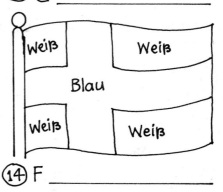

⑨ Ö _____

⑭ F _____

© CollinsEducational   Germane Ideas for German Teachers   ☞ You may photocopy this page for use within the classroom ☜

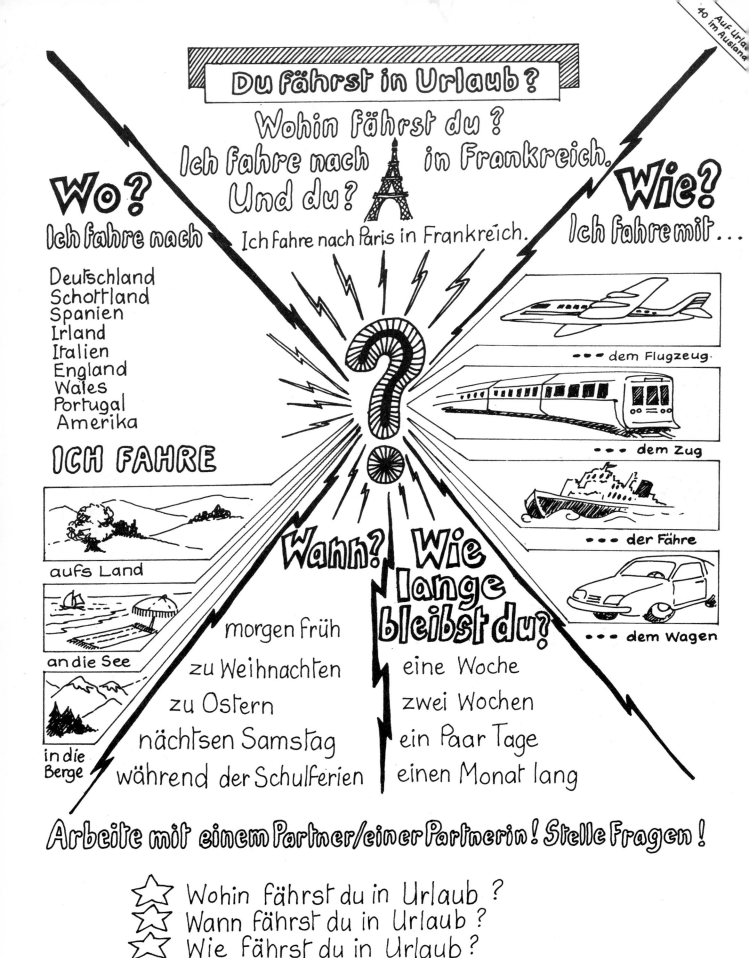

Du fährst in Urlaub?

Wohin fährst du?
Ich fahre nach 🗼 in Frankreich.
Und du?

Ich fahre nach Paris in Frankreich.

Wo?

Ich fahre nach

Deutschland
Schottland
Spanien
Irland
Italien
England
Wales
Portugal
Amerika

ICH FAHRE

aufs Land

an die See

in die Berge

Wie?

Ich fahre mit …

--- dem Flugzeug.

--- dem Zug

--- der Fähre

--- dem Wagen

Wann?

morgen früh
zu Weihnachten
zu Ostern
nächtsen Samstag
während der Schulferien

Wie lange bleibst du?

eine Woche
zwei Wochen
ein Paar Tage
einen Monat lang

Arbeite mit einem Partner/einer Partnerin! Stelle Fragen!

☆ Wohin fährst du in Urlaub?
☆ Wann fährst du in Urlaub?
☆ Wie fährst du in Urlaub?
☆ Wie lange bleibst du in Urlaub?

JOHN 6

MAIR 9

ALICIA 5

HENRI 4

WO WOHNEN SIE?

EUROPA

RAOUL 18

RENATE 1

JANINA 12

UND DU? ZEICHNE DICH!

WO WOHNST DU? ICH WOHNE

GUIDO 16

BJORN 11

WILHOMENA 2

Finde die Nummer der Länder auf der Karte und schreibe das Land neben die Nummer hier.

1. _____
2. _____
3. _____
4. _____
5. _____
6. _____
7. _____
8. _____
9. _____
10. _____
11. _____
12. _____
13. _____
14. _____
15. _____
16. _____
17. _____
18. _____
19. _____

Belgien   Schottland   Wales
    Frankreich   Holland
England   Griechenland
      Ungarn   Norwegen   Italien
Deutschland   Österreich
      Dänemark   Portugal
Schweiz   Spanien   Polen
      Schweden   Irland

Ich bekomme einen Brief
LIES UND ANTWORTE!

Lieber

Frankfurt, den 5. Juni

Ich heiße Paul. Ich bin zwölf Jahre alt. Ich habe einen Bruder und zwei Schwestern. Mein Bruder heißt Manfred und meine Schwestern heißen Lise und Gabi. Lise ist elf Jahre alt und Gabi ist sieben und Manfred ist fünf Jahre alt. Zu Hause haben wir einen Hund und eine Katze. Ich spiele gern Fußball und ich höre gern Popmusik. Hast du eine Lieblingsgruppe?

Ich habe eine Reise nach England gemacht. Ich bin in London gewesen. Ich habe Buckingham Palace gesehen und andere Sehenswürdigkeiten besucht. Ich war auch am Meer. Ich habe geschwommen und ich habe Fußball am Strand gespielt.

Schreib mir bald!

Dein Paul

Frankfurt, den 5. Juni

Liebe

Ich heiße Lise. Ich bin elf Jahre alt. Ich habe zwei Brüder und eine Schwester. Meine Schwester heißt Gabi und meine Brüder heißen Paul und Manfred. Paul ist zwölf und Manfred ist fünf Jahre alt. Gabi ist sieben. Zu Hause haben wir einen Hund, der Scotty heißt, und eine Katze, die Fluffy heißt.

Ich spiele gern Handball und gehe gern radfahren. Ich höre sehr gern Popmusik. In meiner Freizeit gehe ich oft ins Kino und in den Jugendklub. Ich sammle auch Schlüsselringe. Und du? Was machst du in deiner Freizeit? Letzte Woche haben wir eine Reise nach Mannheim gemacht. Meine Tante und mein Onkel wohnen da. Wir haben im Garten gespielt und dann Abendessen gegessen. Wir kamen spät nach Hause.

Schreib mir bald!

Deine Lise

Was macht man?

WAS MACHT MAN? VERVOLLSTÄNDIGE DIE SÄTZE!

1. Meine Mutter fährt den _____.
2. Mein Vater trinkt das _____:
3. Ich trage einen blauen _____:
4. Du spielst die _____.
5. Er spielt _____.
6. Ich kaufe _____:
7. Der Arzt arbeitet im _____.
8. Ich schlafe im _____.
9. Am Sonntag gehe ich zur _____.
10. Ich trinke eine _____ Kaffee.
11. Ich sehe _____.
12. Wir wohnen in einem _____.
13. Er zeichnet ein _____.
14. Ich esse gern _____.
15. Der Fischer fängt einen _____.
16. Der Lehrer liest ein _____.
17. Er zeichnet mit einem _____.
18. Der Zimmermann arbeitet mit einem _____.
19. Sie schreibt einen _____.
20. Mein Freund gibt mir ein _____.

WELCHE BERUFE FINDEST DU HIER?

1. URNEIIENG
2. OZIPISLT
3. ÄREBFREITGR
4. TRAZ
5. SKTRÄNRIEE
6. WHKNRKNETSCEARES
7. EERHLR
8. ÄRTGENR

WIEVIELE WÖRTER (ENGLISCH UND DEUTSCH) KANNST DU AUS:

HAUPTBAHNHOF
bilden?

BILDER UND WÖRTER

Schreibe den ersten Buchstaben jedes Wortes auf die Linie.

1. _ _ _ _ _ _ _ _

2. _ _ _ _ _ _ _ _

3. _ _ _ _ _ _ _ _

4. _ _ _ _ _ _ _ _

5. _ _ _ _ _ _ _ _

6. _ _ _ _ _ _ _ _

7. _ _ _ _ _ _ _ _

8. _ _ _ _ _ _ _ _

9. _ _ _ _ _ _ _ _

Eine Bildergeschichte

Schreibe diese Sätze, aber zeichne Bilder für die unterstrichenen Wörter. (Lasse die Wörter weg.)

① Vor Peters <u>Haus</u> gibt es <u>zwei Wagen.</u>

② Helga nimmt <u>den Bus</u> um zur Schule zu fahren.

③ Ich fahre mit <u>dem Zug</u> nach Berlin und mit <u>dem Flugzeug</u> nach München.

④ Die Jungen parken ihre <u>Mofas</u> unter den Bäumen.

⑤ Das Mädchen fährt mit <u>dem Rad</u> zu <u>den Geschäften.</u>

⑥ Wenn <u>der Bus</u> nicht kommt, gehen wir <u>zu Fuß</u> zum Bahnhof.

⑦ Wenn <u>die Sonne</u> scheint, fährt er mit seinem <u>Segelboot</u> zum See.

⑧ <u>Der Lastwagen</u> liefert dem <u>Supermarkt</u> Obst.

⑨ <u>Der Bus</u> hält vor <u>dem Dom.</u>

⑩ <u>Ein Flugzeug</u> ist schneller als <u>eine Fähre.</u>

SCHREIBE DIESE GESCHICHTE AUF DEUTSCH AB UND SCHREIBE WÖRTER ANSTELLE DER BILDER.

Der [Junge] steht um [Uhr] auf. Die [Sonne] scheint. Er zieht seinen blauen [Pullover], seine graue [Hose] und seine [Schuhe] an.

Er holt sein [Fahrrad] um zur Schule zu gehen.

In seine [Tasche] packt er seine [Bücher] und seine [Stifte].

Um [Uhr] spielt er [Fußball]. Um [Uhr] kommt er nach Hause zurück.

Er ißt sein [Essen] und sieht [Fernseher].

Um [Uhr] schläft er in seinem [Bett] ein.

ZÄHLEN UND RECHNEN

Und jetzt können wir zählen und rechnen!

elf   dreizehn   sechzehn
vierzehn   zwölf
siebzehn   dreizehn

SCHREIBE ALS ZAHLEN !

acht   siebzehn
fünfundzwanzig
dreiundfünfzig
siebenundsiebzig
hundert
   fünfhundert
      siebenundneunzig
         achtundsechzig
            zehn

Schreibe als Wörter!

4 _____
15 _____
26 _____
78 _____
102 _____
32 _____
94 _____
157 _____

Wortsuchrätsel (Zahlen 1–20):

S	Z	E	I	V	N	A	C	Z	H	O	C	D	Z
A	D	D	R	E	I	Z	E	H	N	A	N	B	E
S	R	O	B	O	N	E	U	N	R	R	N	N	A
E	S	E	L	F	L	O	R	I	E	D	H	H	C
C	I	A	C	E	I	N	S	Z	Z	F	E	E	H
S	E	Z	D	R	E	I	O	F	E	N	Z	Z	T
A	B	W	S	I	W	A	N	S	H	H	F	N	Z
C	Z	Ö	I	I	Z	Ü	H	E	R	T	N	U	E
H	E	L	E	B	F	C	Z	B	U	C	Ü	E	H
T	H	F	V	I	E	R	O	R	H	N	F	N	N
O	N	T	B	S	E	C	H	Z	E	H	N	O	Z
T	O	Z	W	A	N	Z	I	G	S	T	O	A	B

X = mal
÷ = durch
+ = und
— = weniger

⑤ ÷ achtzehn
    neun
  = _____

⑥ — fünfzig
    vierundzwanzig
  = _____

⑦ hundert
  — fünfzig
  = _____

⑧ vierzig
  × zwei
  = _____

⑨ tausend
  — fünfhundert
  = _____

⑩ neunzig
  + siebzehn
  = _____

① + elf
    dreizehn
  = _____

② + sechs
    dreizehn
  = _____

③ — dreißig
    neunzehn
  = _____

④ × siebzehn
    drei
  = _____

fünf + acht + vierzehn − zwei × drei + fünfzehn = ?

Es ist zu..zu..zu..

klein lang kurz groß teuer billig

BEENDE DIESE SÄTZE!

1. Sein Hut ist zu _____ .
2. Seine Brille ist zu _____ .
3. Seine Krawatte ist zu _____ .
4. Sein Hemd ist zu _____ .
5. Seine Hose ist zu _____ .
6. Seine Schuhe sind zu _____ .

BEENDE DIESE SÄTZE!

1. Ihr Hut ist zu _____ .
2. Ihr T-Shirt ist zu _____ .
3. Ihr Regenschirm ist zu _____ .
4. Ihr Rock ist zu _____ .
5. Ihre Tasche ist zu _____ .
6. Ihre Schuhe sind zu _____ .

200 DM   5 Pfg   30 Pfg   10 Pfg   100 DM

1. Die Blumen sind zu _____ .
2. Der Wein ist zu _____ .
3. Das Buch ist zu _____ .
4. Die Äpfel sind zu _____ .
5. Die Bonbons sind zu _____ .

DIESER...DIESE...DIESES...

MALE AN UND ZEICHNE!

Diese Blumen sind blau und gelb. Diese Vase ist bunt.

Dieses Mädchen hat schwarze Haare und blaue Augen.

Dieses Haus hat einen grauen Schornstein, ein rotes Dach und eine blaue Tür. Die Vorhänge sind violett.

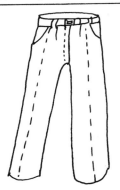

Diese Hose ist grün.

Dieser Hut ist bunt.

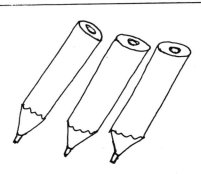

Diese Bleistifte sind orange, gelb und blau.

Dieses Kleid ist rot und weiß.

Dieser Junge hat eine kleine Nase, große Augen und einen großen Mund.

Dieses Mädchen hat große Augen, eine große Nase und einen kleinen Mund.

Diese Früchte sind gelb und orange.

Dieser Regenschirm ist gelb und grün.

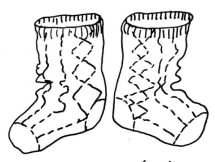

Diese Socken sind bunt.